James W Peterson

As relações entre os EUA e a Rússia no contexto global

As relações entre os EUA e a Rússia no contexto global

James W Peterson

Imprint

Any brand names and product names mentioned in this book are subject to trademark, brand or patent protection and are trademarks or registered trademarks of their respective holders. The use of brand names, product names, common names, trade names, product descriptions etc. even without a particular marking in this work is in no way to be construed to mean that such names may be regarded as unrestricted in respect of trademark and brand protection legislation and could thus be used by anyone.

Cover image: www.ingimage.com

This book is a translation from the original published under ISBN 978-620-2-07609-8.

Publisher:
Sciencia Scripts
is a trademark of
Dodo Books Indian Ocean Ltd. and OmniScriptum S.R.L publishing group

120 High Road, East Finchley, London, N2 9ED, United Kingdom
Str. Armeneasca 28/1, office 1, Chisinau MD-2012, Republic of Moldova, Europe
Printed at: see last page
ISBN: 978-620-7-92611-4

Índice

Capítulo 1. Introdução

O contexto global tem desempenhado um papel fundamental na evolução recente das relações entre os EUA e a Rússia. A dinâmica das suas relações não ocorreu no vácuo e o seu papel proeminente na cena mundial garantiu que as interacções entre os dois países fossem moldadas e contribuíssem para as principais variáveis que constituem o fenómeno da globalização.

Em primeiro lugar, é importante destacar os elementos pertinentes do quadro da globalização. Estes incluem, sem dúvida, pressões que penetram demasiado facilmente nas fronteiras nacionais, como o fluxo de mercadorias, os sistemas de informação, os movimentos terroristas e as vagas de refugiados. O choque permanente entre os interesses ocidentais e o terrorismo islâmico extremo também afecta muitas questões e, na pior das hipóteses, resulta em acções violentas e nas respostas subsequentes das nações visadas. Para além disso, a série interminável de guerras civis que agora se centra na Síria tem atraído uma grande variedade de grupos étnicos, nações e terroristas. Além disso, tudo isto gerou um debate aceso sobre o significado das fronteiras no mundo moderno. Devem continuar a ser muros que isolam nações e povos individuais, ou devem tornar-se instrumentos de diplomacia que sujeitam as questões territoriais a valores regionais e a mentalidades globais?

Em segundo lugar, qual tem sido a natureza da relação russo-americana no período pós-Guerra Fria? A emergência explosiva de Vladimir Putin como Presidente, em janeiro de 2000, constituiu uma nova Revolução Russa, em que ele é o Lenine dos tempos modernos. [st]A controvérsia Leste-Oeste no século XXI baseou-se nas tensões da última década de 20th , em referência à expansão da NATO que incluiu antigos Estados comunistas, bem como três antigas repúblicas da antiga União Soviética. A responsabilidade pelo mal-entendido não cabe ao mundo ocidental, pois a Rússia invadiu duas das suas antigas repúblicas, a Geórgia em 2008 e a Ucrânia em 2014. Como resultado, a sombra protetora da influência ocidental cobriu as montanhas e as planícies do extremo oriental da Europa, incluindo especialmente os países bálticos, a Ucrânia e a Polónia.

Em terceiro lugar, quais são os actuais pontos de discussão e, por vezes, de tensão na relação entre as duas potências fortes, que estão ancorados nas suas ligações pós-Guerra Fria em evolução, e que podem ter impacto nas componentes da globalização acima referidas? A controvérsia sobre a presumível interferência russa nas eleições presidenciais americanas de 2016 passou para o centro do palco nesse ano eleitoral e manteve-se em cima da mesa nos meses que se seguiram ao apuramento dos resultados eleitorais. Dado que os Presidentes Putin e Obama tinham ambos tomado uma decisão consciente de "pivotar" para a Ásia, houve conversas adicionais entre os dois sobre as relações com a China e a Coreia do Norte. Além disso, surgiu uma série de questões no contexto de tensões contínuas e latentes em países do Médio Oriente, como a Síria, o Iémen, o Egipto, o Iraque, o Afeganistão e os Emirados do Golfo. As controvérsias e discussões russo-americanas centraram-se nas guerras civis, bem como na violência ligada ao ISIS, à Al Qaeda e aos talibãs. Além disso, a extremidade oriental da Europa continuou a ser um local altamente inflamado entre a Rússia e a América, devido à continuação das sanções ocidentais impostas após a tomada da Crimeia, bem como aos receios das nações europeias mais pequenas quanto a uma possível incursão russa nos seus sistemas políticos e económicos.

Assim, a globalização, a história das relações russo-americanas no pós-Guerra Fria e as questões de política pública actuais, com um alcance regional e mesmo global, interagem e constituem a química que guiará as relações entre a América e a Rússia no futuro próximo.

Capítulo 2. O contexto da globalização

<u>Significado de globalização</u>

Entre outros, os símbolos da globalização incluem a quase livre circulação de mercadorias através das fronteiras, das regiões e até do palco mundial. Os produtos asiáticos penetraram facilmente nos mercados ocidentais, sendo os baixos custos o principal ingrediente do sucesso. Gigantes americanos como a Google abriram as suas asas para incluir todos os cantos permitidos do globo. Nos primeiros meses da Administração Trump, as importações para os Estados Unidos de automóveis BMW provenientes da Alemanha mas fabricados no México tornaram-se um ponto de controvérsia. Até as companhias petrolíferas russas, como a Lukoil, entraram nos mercados da Europa Ocidental, enquanto as suas estações de serviço se tornaram um local frequente nessa região. A subcontratação de componentes de unidades produtivas ocidentais tornou-se um lugar-comum, uma vez que países como a Índia acolheram a oportunidade de se tornarem centros de atendimento telefónico para empresas ocidentais ou unidades de trabalho que editam manuscritos com editoras ocidentais. É evidente que as nações alvo destas infusões de bens resistem frequentemente e consideram barreiras que protegeriam as suas economias e manteriam os lucros no seu país.

Outra caraterística importante da globalização é a sofisticação dos sistemas de informação que não reconhecem de forma alguma as fronteiras nacionais. As capacidades de informação importantes incluem o correio eletrónico e todas as formas de redes sociais. Estes desenvolvimentos tecnológicos permitem a difusão de mensagens e a criação de diálogos de forma alargada ou em fragmentos de som com um número restrito de caracteres. Os seus alcances amplos e sem restrições quase convidam a esforços de forças hostis para entrar ou invadir esses meios com objectivos políticos em mente. Em alguns casos, como o Wiki-leaks, a interferência em eleições ou as escutas telefónicas americanas a líderes europeus, os resultados podem incluir o comprometimento de segredos nacionais e dos próprios objectivos de segurança nacional. Os líderes individuais esforçam-se por impedir esses fluxos de informação prejudiciais, mas ainda não desenvolveram barreiras eficazes.

Infelizmente, os movimentos terroristas também se tornaram parte do fenómeno da globalização e os seus esforços para utilizar células numa série de nações conduziram a inúmeras tragédias nos países violados. Nalguns casos, como os ataques de 11 de setembro, os grupos deslocaram-se para nações vulneráveis e levaram a cabo uma carnificina que resultou também nas suas próprias mortes inevitáveis. Noutros casos, como os atentados chechenos em Moscovo, as unidades terroristas locais atacaram o centro do Estado odiado que percetivelmente as oprime e esmaga as suas próprias aspirações territoriais e nacionais. Mais recentemente, duas formas de globalização convergiram, uma vez que os lobos solitários nas nações-alvo recebem algum tipo de inspiração distorcida das comunicações via Internet e cometem as atrocidades terroristas por si próprios. Os atentados de San Bernadino e Orlando, nos Estados Unidos, em 2016, enquadram-se nesta categoria, bem como vários outros na Alemanha, em França e no Reino Unido.

Os fluxos de refugiados também se tornaram um desafio no processo de globalização, pois as suas fugas das guerras civis tornam as nações vizinhas tranquilas muito atractivas. Um exemplo extremo foi o enorme êxodo da Síria e de outros países em crise em 2015-16. O seu movimento para a Turquia e depois para Itália através do Mediterrâneo desafiou os líderes ocidentais e a União Europeia (UE). O seu objetivo eram as nações economicamente seguras mais a norte, como a Alemanha e até a Suécia. No entanto, os países de trânsito situavam-se no meio, pelo que os seus movimentos também afectavam os Estados dos Balcãs ou da Europa Central e Oriental, que enfrentavam os seus próprios desafios. Consequentemente, confrontaram-se muitas vezes com barreiras feitas à pressa nas fronteiras, populações hostis e, por vezes, líderes ultranacionalistas resistentes *(iDNES* 2015, *USATODAY* 2015). Os esforços para fazer cumprir os regulamentos da UE em vigor foram muitas vezes infrutíferos e a comunidade internacional esforçou-se por encontrar estratégias de integração bem sucedidas ou por limitar a entrada de pessoas cujos antecedentes poderiam ser questionáveis.

<u>Confronto entre o extremismo islâmico e os valores ocidentais</u>

A contradição entre o extremismo islâmico e os valores ocidentais tem estado presente nas relações russo-americanas desde meados da década de 1990.

A Chechénia surgiu como uma nova república russa em 1991, mas desde cedo declarou a sua intenção de se tornar um Estado próprio. Tal como outras repúblicas do Cáucaso, como o Daguestão, a Chechénia era predominantemente muçulmana, pelo que o conflito com Moscovo assumiu o tom de uma guerra entre o extremismo islâmico e os valores russos. A Rússia travou duas guerras para suprimir estas reivindicações, em 1994-96 e novamente em 1999-2001. No entanto, os terroristas chechenos continuaram as suas investidas com ataques a um metro de Moscovo, ao Teatro Nord Ost e a uma escola em Beslan. Além disso, muitos presumiram que poderia ocorrer um ataque simbólico durante os Jogos Olímpicos de inverno em Sochi, em 2014, mas os preparativos de segurança aparentemente impediram essa ocorrência. Uma consequência dessa batalha foi o ataque à Maratona de Boston em 2013, pois os terroristas eram pessoas da Chechénia cuja família tinha procurado refúgio das guerras no Cáucaso no vizinho Daguestão.

Terroristas da mesma linha atingiram os Estados Unidos no ataque ao World Trade Center em 1993, no ataque às embaixadas americanas no Quénia e na Tanzânia em 1998, no ataque ao U.S.S. Cole ao largo da costa do Iémen em 2000 e nos ataques de 11 de setembro ao World Trade Center e ao Pentágono. As reacções americanas incluíram a invasão do Afeganistão em finais de 2001 e a intervenção no Iraque em março de 2003. A primeira intervenção durou mais de uma década e acabou por se tornar uma missão da NATO, enquanto a segunda durou vários anos menos e associou as forças americanas a uma coligação de voluntários. Em 2014, a Al Qaeda tinha cedido o lugar ao ISIS como principal opositor americano e o centro da luta deslocou-se principalmente para a Síria e o Iraque. Nos anos que se seguiram a 2014, ocorreram também ataques isolados a alvos americanos e da Europa Ocidental.

O que é que esta batalha comum contra os extremistas islâmicos/terroristas fez à relação russo-americana? A resposta muda ao longo do tempo e tem origem numa mistura de questões e preocupações actuais em constante mutação. Na década de 1990, a Administração Clinton criticou as duas guerras russas na Chechénia, considerando-as excessivas e uma violação dos direitos de uma das repúblicas da Rússia. No entanto, os ataques de 11 de setembro fizeram com que os dois actores mundiais se encontrassem num terreno comum durante um breve período de tempo. O Presidente Putin declarou que os líderes americanos podiam agora compreender o que a Rússia tinha vivido com os rebeldes do Cáucaso, enquanto o Presidente Bush e os seus conselheiros procuravam agora a ajuda russa para as suas guerras no Sudoeste Asiático e no Médio Oriente. Por fim, o Presidente Putin estava disposto a permitir o acesso dos EUA à base de Karshi-Khanabad, no Uzbequistão, e à base de Manas, no Quirguizistão. Com estes postos avançados, as operações no Afeganistão e, mais tarde, no Iraque foram simplificadas. A decisão americana de iniciar a guerra no Iraque acabou por suscitar muitas preocupações ao Presidente Putin, e este conjunto de acontecimentos voltou a afastar Washington e Moscovo.

Em 2009, o novo Presidente Obama fez um esforço concertado para "restabelecer" as relações com a Rússia, tendo-se deslocado a esse Estado e proferido um importante discurso sobre as possibilidades para o futuro. No entanto, este esforço para restabelecer o diálogo após a guerra russa de 2008 na Geórgia foi em vão vários anos mais tarde, quando a Rússia anexou a Crimeia no meio do conflito sobre a Ucrânia. Por conseguinte, as relações russo-americanas sofreram e melhoraram durante a guerra contra o terrorismo islâmico, mas acabaram por se centrar em questões não relacionadas e tornaram-se o centro das suas discussões e decisões.

Capítulo 3. O desacordo sobre as guerras civis no Médio Oriente

A primavera Árabe de 2011 abriu novas feridas na relação americano-russa, que continuaram a causar dor durante a turbulência aparentemente interminável que a acompanhou.

Em meados de 2011, o Presidente Obama negociou com a NATO a intervenção na guerra civil da Líbia, tendo em conta o elevado número de baixas que as forças da oposição que avançavam a partir do leste estavam a sofrer à medida que avançavam contra o Presidente Khadafy, que estava encurralado em Tripoli, a oeste. Tanto o Presidente Medvedev como o Primeiro-Ministro Putin discordaram dessa operação militar e consideraram-na demasiado longa para a aliança de defesa ocidental. De um modo geral, os dirigentes russos preferiram os líderes autoritários dos países do Médio Oriente aos que emergiram das manifestações maciças da primavera Árabe que caracterizaram tantas nações dessa região. Talvez os líderes russos desconfiassem de movimentos que se assemelhassem às "revoluções coloridas" nas suas antigas repúblicas e países vizinhos. Tinham vivido a Revolução Rosa de 2003 na Geórgia, a Revolução Laranja na Ucrânia em 2004 e a Revolução das Tulipas no Quirguizistão no ano seguinte. Se o Ocidente entendeu que a Rússia tinha alargado demasiado o seu alcance na Geórgia em 2008, Moscovo não tardou a descrever o Ocidente como tendo feito o mesmo em 2011.

No mesmo ano da primavera Árabe, eclodiu na Síria uma guerra contra o Presidente Assad, depois de adolescentes terem rabiscado um muro. Começou então um complicado conflito civil que iria opor novamente os líderes russos aos planos americanos. Por exemplo, a Administração Obama apoiou os elementos da oposição que perseguiam objectivos democráticos, enquanto o Presidente Putin estava disposto a apoiar o Presidente Assad. Para além disso, os Secretários de Estado Hillary Clinton e John Kerry acabaram por apelar à demissão do Presidente Assad. No entanto, os dirigentes americanos excluíram dos seus planos as forças da oposição que eram constituídas por extremistas islâmicos ligados à Frente al Nusra e à Al Qaeda. Além disso, o Presidente Obama traçou uma linha vermelha contra o uso de armas químicas pelo regime de Assad em 2012, mas quando se tornou evidente, um ano mais tarde, que ele as tinha utilizado, o Presidente Putin assumiu o controlo. Orquestrou um processo que levou à retirada das armas sob a supervisão da ONU (Starr, Yellen e Carter 2013). Mais tarde, a Rússia assumiu uma posição de força e apoiou o regime de Assad em ataques aéreos contra posições do ISIS, uma ação que complementou, mas também ultrapassou, os esforços americanos. A Rússia tinha a vantagem de possuir a sua própria base em território sírio, mas as suas armas e infra-estruturas precisavam de ser reparadas e não participaram verdadeiramente nos ataques de 2016.

De um modo geral, as guerras civis da Líbia e da Síria acabaram por justapor Moscovo e Washington uma contra a outra. Como tal, ambas as guerras civis funcionaram como ímanes da globalização que trouxeram à tona perspectivas muito diferentes nas capitais de ambas as potências.

Capítulo 4. Definições contrastantes de fronteiras territoriais

As definições de fronteiras fazem parte do fenómeno da globalização, na medida em que os movimentos de ida e volta através delas se tornaram tão frequentes e descontrolados. Por um lado, no caso americano, tem havido uma tendência histórica para imaginar que as quatro fronteiras são distintas, firmes e controladas. Por outro lado, os russos têm estado habituados, ao longo de vários períodos históricos, a fronteiras bastante flexíveis que se deslocam e criam situações em que as pessoas se deslocam frequentemente de uma unidade geográfica para outra. As diferenças de perceção que daí resultam têm fomentado mal-entendidos culturais e desacordos políticos.

Durante a primeira parte da sua história, os líderes políticos dos Estados Unidos conseguiram manter a nação num rumo isolacionista, com algumas excepções. Ao mesmo tempo, durante o período anterior à Primeira Guerra Mundial, o país continuou a ser uma nação de imigrantes. Inúmeros grupos entraram nos Estados Unidos e, muitas vezes, nunca olharam para trás e tornaram-se cidadãos de pleno direito. Os líderes americanos criaram a Ilha Ellis como ponto de controlo de entrada em 1882, e as quotas para grupos de determinadas nações passaram também a fazer parte do processo administrativo. No entanto, os americanos garantiam a si próprios que os novos grupos estavam a aprender inglês rapidamente e a fazer parte do "cadinho" americano. Não havia um receio substancial de que a segurança americana estivesse ameaçada ou em perigo com o afluxo de qualquer grupo em particular. Tanto o oceano Atlântico como o Pacífico, nesse período anterior, eram poderosos amortecedores protectores contra a maré de quaisquer elementos indisciplinados, enquanto um Canadá desenvolvido a norte era sempre amigável e o México a sul bastante passivo.

O rompimento da postura isolacionista deu-se com o envolvimento na Primeira Guerra Mundial, após o afundamento do Lusitânia em 1917. No entanto, o envolvimento permanente em estruturas globais de manutenção da paz só ocorreu no final da Segunda Guerra Mundial, e a instalação da sede da ONU em Nova Iorque foi um símbolo significativo dessa transformação. Com as mudanças tecnológicas, os oceanos deixaram de ser poderosas barreiras protectoras contra a chegada de pessoas e grupos, mas nenhuma dessas ondas se revelou particularmente preocupante para a consciência nacional. Por exemplo, o fim da guerra no Sudeste Asiático gerou muitos imigrantes do Vietname, mas estes rapidamente arranjaram emprego em sectores que lhes eram familiares, como a indústria da pesca. A sua presença na Costa Oeste foi marcante, mas os resultados escolares dos seus filhos tornaram-nos invejados por muitos outros grupos.

stNa segunda década do século XXI, as atitudes dos americanos começaram a mudar em relação às incursões de determinados grupos na sociedade. Durante a Segunda Guerra Mundial, houve grande medo e muita discriminação contra os cidadãos japoneses, e as autoridades políticas retiraram-lhes os bens e levaram muitos deles para campos de concentração, por suspeitarem que ainda eram leais à sua antiga nação, contra a qual os Estados Unidos estavam em guerra. Um medo paralelo acompanhou o fluxo de vários tipos de imigrantes no século seguinte. stO número de mexicanos e de outros povos latino-americanos tornou-se tão elevado no início do século XX que os hispânicos eclipsaram os afro-americanos em termos de proporção da população total. Após o 11 de setembro, houve um enorme receio de islamistas extremistas empenhados em objectivos terroristas, e alguns cometeram crimes adicionais em várias ocasiões nos anos seguintes. Em consequência, desenvolveu-se a desconfiança e iniciou-se um debate político americano sobre os instrumentos necessários para defender o que eram agora fronteiras transparentes, transponíveis e até fluidas.

Durante a campanha presidencial de 2016 nos Estados Unidos, houve um debate considerável sobre a melhor forma de reforçar as fronteiras porosas. Apenas a fronteira com o Canadá permanecia acima de qualquer suspeita, uma vez que os militantes podiam facilmente atravessar ambos os oceanos, enquanto muitos dos países a sul dos EUA atravessavam a fronteira ilegalmente em busca de melhor emprego e estatuto económico.

O eventual vencedor do concurso presidencial foi Donald Trump, que prometeu duas tácticas muito duras e nacionalistas para fazer face à ameaça e manter as fronteiras intactas. A primeira era a construção de um muro que cobriria toda a fronteira com o México, e ele afirmava que o México pagaria por esse muro. No México, desenvolveu-se uma enorme resistência a todos os aspectos do muro, enquanto muitos observadores nos Estados Unidos questionavam a sua despesa, funcionalidade e simbolismo. A sua segunda proposta controversa foi uma nova lei que restringia drasticamente a imigração de determinadas nações com maiorias muçulmanas. Sob o título de "proibição de viajar", estas propostas foram contestadas por juízes de certos estados e foram consideradas pelo Supremo Tribunal. Basicamente, a proposta previa uma suspensão de 120 dias da imigração de todo o mundo, bem como uma suspensão de 90 dias das viagens de seis países seleccionados. Estes incluíam a Síria, a Líbia, o Iémen, a Somália, o Sudão e o Irão. O Iraque fazia parte da primeira proposta, mas foi abandonado devido ao forte envolvimento americano e às contribuições para a potencial segurança do país. No final de junho de 2017, o Supremo Tribunal tomou uma decisão parcial a favor da proibição, mas afirmou que iria analisar a situação de forma mais aprofundada no outono.

As atitudes históricas e actuais da Rússia em relação à santidade das fronteiras eram completamente diferentes. Nos primeiros períodos da sua experiência, tinha havido uma série de mudanças importantes na fronteira do Império Russo. [th]Por exemplo, Genghis Khan e a Horda Mongol atravessaram a Rússia no século XIII e destruíram temporariamente as fronteiras imperiais existentes (Clover 2016, 53; Kalb 2015, 37). Além disso, Kiev foi a cidade em torno da qual se formou o Império Russo original, mas a sua história posterior esteve totalmente ligada à formação e evolução da Ucrânia. A Rússia tinha procurado continuamente uma abertura para o mar a sul ou a norte, mas uma série de czares não tinha conseguido atingir esse objetivo. Talvez Catarina, a Grande, tenha sido a que mais longe avançou nesse sentido, pois no final do século XVIII os seus exércitos capturaram partes do Império Polaco a norte e a Península da Crimeia ao Império Otomano a sul (Billington 1966, 224-226). Em suma, as fronteiras estavam em constante mutação e a fixação americana na "permanência" não fazia parte da experiência russa.

Após a Revolução Russa de 1917, a nova União Soviética incluía Estados socialistas de uma vasta área, incluindo repúblicas da Ásia Central como o Cazaquistão, bem como repúblicas de influência europeia como a Ucrânia. Algumas destas repúblicas não se sentiam confortáveis sob a direção de Moscovo, mas não tinham capacidade real para mudar de fronteiras ou optar por sair da nova criação geopolítica. Mais tarde, o colapso da União Soviética, em 1991, alterou o estatuto dessas repúblicas, no sentido em que se tornaram Estados-nação independentes. [th]Uma mudança radical de fronteiras tinha ocorrido duas vezes no século XX, mas essas mudanças eram coerentes com os padrões anteriores da história russa. Qual o significado de fronteiras que mudaram sob a pressão da Revolução Russa de 1917 e da revolução anticomunista do mês de dezembro de 1991? Os Estados Unidos não tinham sofrido mudanças desse género e o seu único desafio sério à segurança das fronteiras ocorreu durante a Guerra Civil da década de 1860.

O eurasianismo é uma forma de lidar com estas mudanças, bem como com a natureza mais fluida das fronteiras russas em geral e ao longo de séculos de experiência. Os ocidentais pensam muitas vezes na Rússia como um Estado-nação tradicional com uma identidade semelhante à das nações ocidentais, mesmo daqueles Estados que contêm vários grupos étnicos. No entanto, também é possível considerá-la como um Estado eurasiático que se encontra entre influências e experiências históricas ocidentais e orientais. Alguns pensadores sugeriram que o eurasianismo significa menos ênfase em fronteiras fixas e mais habituação à sua fluidez. Na sua perspetiva, a Rússia pode ser um estado civilizacional em vez de um estado-nação (Clover 2016, 8-15). As fronteiras não são fixas, mas sujeitas a mudanças ocasionais e, por vezes, importantes. É possível que este processo de pensamento esteja relacionado com os esforços para ajustar as fronteiras e trazer pedaços de território de volta à Federação Russa. Por exemplo, a Abcásia e a

Ossétia do Sul foram retiradas da Geórgia após a guerra de 2008 e a Crimeia foi retirada da Ucrânia após o conflito de 2014. Do ponto de vista ocidental, tratou-se de tomadas de poder ilegais de Estados-nação identificáveis e legítimos, com fronteiras claras. No entanto, a auto-perceção russa das suas raízes euro-asiáticas pode ter lançado uma luz diferente sobre a razão de ser dessas alterações fronteiriças.

Em conclusão, existem diferenças acentuadas nas percepções e acções entre a Rússia e a América em matéria de fronteiras. Os líderes russos tendem a entender as fronteiras como sendo brandas e sujeitas a alterações, ao passo que os Estados Unidos celebram um passado histórico em que as fronteiras se mantiveram intactas e sem contestação. Estas percepções diferentes podem explicar uma parte dos seus conflitos.

Capítulo 5. A relação russo-americana no período pós-guerra fria

A experiência russo-americana desde o fim da Guerra Fria é complexa e inclui períodos prolongados de conflito, mas também momentos ocasionais de cooperação, debates sobre o significado da democracia e percepções contrastantes sobre os principais desafios que se colocam aos teatros europeu e euro-asiático. Em primeiro lugar, desde 1991, a liderança política na América incluiu cinco Presidentes, mas a Rússia apenas três. Mais ainda, Vladimir Putin, na Rússia, tem sido uma força de controlo em todos os anos desde 2000 e, de certa forma, tornou-se o seu segundo Lenine. Em segundo lugar, tem havido uma controvérsia considerável sobre a expansão da NATO para a região que a Rússia considerava estar na sua própria esfera de influência. Este processo de preparação para a parceria da aliança e de inclusão efectiva de Estados tem sido um processo contínuo durante todo o período. Em terceiro lugar, a guerra russo-georgiana de 2008 e o conflito russo-ucraniano e da Crimeia de 2014 colocaram enormes tensões em qualquer parceria russo-americana em gestação. Na sequência de cada uma dessas guerras, houve um retrocesso no progresso existente na relação, bem como sanções que o Ocidente impôs à Rússia. Em quarto lugar, a crise da Crimeia-Ucrânia de 2014 levou a um aumento da presença militar ocidental perto da fronteira russa, e essa invasão russa e a política americana activaram novamente as sensibilidades da Guerra Fria.

Putin como o novo Lenine

Na década de 1990, registou-se uma espécie de explosão descontrolada da democracia na Rússia, após a implosão do sistema comunista. Havia dezenas de partidos políticos que competiam por lugares nas eleições para a Duma, enquanto o Presidente Boris Ieltsin entrava no poder político como o herói que tinha retirado do poder o último líder comunista, Mikhail Gorbachev, e que tinha presidido ao fim do sistema comunista. No entanto, as suas fraquezas políticas eram evidentes em meados da década de 1990 e a sua reeleição em 1996 não fez esquecer as preocupações crescentes sobre a sua liderança. De certa forma, o descontentamento com o seu governo era a ponta de um icebergue de ansiedade sobre a evolução dos padrões de governo democrático que tinham suplantado o autoritarismo da era comunista. Assim, no final da década, havia uma sede de um governo pessoal mais forte e de uma centralização do sistema político.

A ascensão de Vladimir Putin ao cargo de Presidente no primeiro dia do novo milénio marcou uma mudança em ambas as direcções acima referidas. Tomou medidas enérgicas para devolver à Rússia um papel primordial na política mundial. As invasões de dois países são prova desse esforço, mas também o é a sua manipulação do sistema para prolongar o mandato presidencial de quatro para seis anos e para regressar ao poder após o interlúdio de Medvedev de 2008-2012 (Gel'man 2015, 99-101). Tornou-se a personificação de um governo pessoal e carismático, à semelhança de Lenine em 1917, após décadas de fraqueza do sistema czarista (Gill, 2-5).

Ao mesmo tempo, Putin foi o arquiteto de uma mudança não muito subtil dos padrões democráticos para os padrões autoritários de governo, o que também se assemelhava ao que Lenine tinha procurado realizar no início do regime comunista. Putin organizou o Estado em sete regiões federais e nomeou para elas líderes que exerciam influência sobre os funcionários eleitos a nível regional nas várias repúblicas. Apesar de vários partidos políticos terem selecionado candidatos que ganharam lugares na Duma, Putin criou um partido oficial, o Rússia Unida, e este era tão abrangente que o seu domínio nas eleições presidenciais e legislativas era um dado adquirido. Líderes da oposição, como Boris Nemtsov, foram vítimas de crimes que ninguém conseguiu resolver, e o seu desaparecimento despertou o medo noutros políticos que poderiam ter considerado um papel mais vigoroso na oposição.

Não foi só a Rússia que foi afetada por este novo Lenine, mas também os Estados Unidos e o resto do Ocidente. Enquanto uma espécie de rotação natural dos partidos políticos caracterizava as eleições presidenciais e legislativas na América depois de 2000, a Rússia regrediu para um partido único e para um governo unipessoal. O aparecimento do novo Lenine impôs tensões nas relações americano-russas, na medida em que as pressões democráticas dentro da Rússia nunca limitaram os seus anúncios ou iniciativas políticas. Em contraste, um rugido de vozes contendentes procurou a palavra e a influência política na América após a aparente interferência russa nas eleições de 2016.

Capítulo 6. A controvérsia sobre a expansão da OTAN, 1994-2017

A Administração Clinton deu início a um processo de Parceria para a Paz (PfP) que colocou as nações interessadas na via da adesão total à aliança num número razoável de anos. Cada uma das nações tinha pertencido anteriormente à Organização do Tratado de Varsóvia (OMC) e estava individualmente sob o domínio comunista. O potencial para uma reação negativa de Moscovo era muito elevado, pois o processo parecia abrir mais um capítulo no esforço do Ocidente para cercar o seu espaço geográfico e "conter" as suas ambições de recuperação após o colapso de 1991. Os Estados da Europa Central e Oriental ou de Visegrad estavam em primeiro lugar em termos de elegibilidade para a OTAN devido ao avanço das suas economias e à adoção de procedimentos democráticos. Cada membro da Parceria para a Paz (PfP) tinha de cumprir um conjunto de critérios antes do convite oficial para aderir à Aliança. Em meados da década de 1990, a República Checa, a Hungria e a Polónia estavam a caminho do estatuto de membro e conseguiram-no em 1999. A Eslováquia também foi alvo de atenção, uma vez que tinha feito parte da nação mais vasta da Checoslováquia entre 1918 e 1993. No entanto, a sua liderança política autoritária em meados da década de 1990 actuou como uma barreira que, em parte, causou um adiamento da data de entrada. Os três novos membros eram estáveis e contribuíram de certa forma para os ataques aéreos liderados pelos americanos no Kosovo no mesmo ano (Peterson 2011, 68-70).

O próximo grande ano de entrada foi 2004, e as nações admitidas incluíam a Estónia, a Letónia e a Lituânia. Estes países tinham sido repúblicas durante meio século na União Soviética, e a decisão de os admitir causou grande consternação nas fileiras da liderança russa. O seu desenvolvimento económico avançado tornara-os bens preciosos nos tempos do comunismo e muitos imigrantes russos tinham-se mudado para as três entidades para lhes dar um toque russo e alterar o equilíbrio étnico. A Eslovénia e a Eslováquia eram dois dos outros Estados então admitidos, e cada um deles tinha feito progressos económicos nos seus quinze anos de estatuto pós-comunista. Politicamente, tinham-se estabilizado e pareciam possuir uma estabilidade que os tornaria membros contribuintes da OTAN. Os planeadores da Aliança tinham previsto uma data posterior para os Estados do Sueste Europeu, Bulgária e Roménia, mas a abertura das guerras lideradas pelos americanos no Afeganistão e no Iraque tornou a sua admissão mais atractiva. Estes dois Estados poderiam servir de amortecedores e talvez de estações de passagem na estrada ocidental para as novas zonas de combate (Peterson 2011, 35-41). As reacções russas opuseram-se fortemente a este passo na expansão da OTAN e a criação do Conselho Russo-OTAN pouco fez para acalmar as preocupações de Moscovo quanto à influência ocidental crescente nas suas fronteiras. A decisão de admitir estes sete novos membros foi um produto da Cimeira da NATO de Praga, em 2002, e esse local cimentou simbolicamente o papel dos Estados pós-comunistas junto do Ocidente.

A expansão da aliança da OTAN continuou a um ritmo mais lento depois de 2004. Tanto a Croácia como a Albânia aderiram em 2009, uma vez que estas nações dos Balcãs percorreram um caminho mais longo até à adesão. A Croácia, tal como a Eslováquia, tinha vivido sob o regime autoritário do Presidente Tudman, pelo que o tempo de espera para uma nação muito semelhante à Eslovénia foi mais longo. Com a sua população maioritariamente muçulmana, a Albânia encontrava-se numa posição precária após a luta de 1999 entre a vizinha Sérvia e o Kosovo, com a sua maioria muçulmana de 90%. Não era claro qual seria o destino da Albânia, pois alguns pretendiam a criação de um grande Estado muçulmano que incluísse o Kosovo, a Albânia e o segmento ocidental da Macedónia. No entanto, a Albânia aderiu à aliança em 2009.

Por último, a aliança propôs a admissão do Montenegro em 2015, devendo a conclusão do processo ter lugar nos anos seguintes. Esta nação separou-se da Sérvia em 2006 e estabeleceu o seu próprio sentido de objetivo em poucos anos.

É difícil subestimar o impacto que a expansão da OTAN teve nas relações russo-americanas. Os Presidentes Clinton, Bush e Obama tinham todos procurado essa expansão através do estatuto dos Estados Unidos como parceiro sénior da aliança. Este esforço bipartidário criou consternação no regime de Putin, pois os russos compreendiam que a NATO tinha tido origem numa aliança criada para conter o poder soviético e potenciais avanços para o Ocidente. Embora as intenções americanas durante a expansão se centrassem em trazer a estabilidade liderada pela OTAN para a Europa Central e Oriental e para os Balcãs e, eventualmente, para as operações no Afeganistão, os russos sentiram uma marcha em direção à sua porta e uma hostilidade em relação a eles que estava embutida no processo de expansão.

Capítulo 7. Conflito sobre as guerras da Geórgia (2008) e da Ucrânia (2014)

Em qualquer cálculo, os danos causados às relações russo-americanas pelas duas breves guerras nas antigas repúblicas soviéticas foram enormes. Em ambos os casos, o G-8 reagiu impedindo a Rússia de participar nas suas reuniões anuais e no seu processo de planeamento, e a Rússia boicotou as reuniões do Conselho OTAN-Rússia. Após a crise de 2008 na Geórgia, a Rússia cortou os transportes entre os dois países e as viagens tornaram-se muito difíceis, apesar de serem Estados limítrofes. Em 2014, a Administração Obama liderou um movimento de aliados para impor sanções a pessoas e organizações importantes na Rússia que estavam envolvidas na tomada de decisões relacionadas com a crise atual. Obviamente, as guerras gémeas constituíram um grande revés para qualquer progresso que a relação russo-americana tivesse registado nos anos anteriores.

Também é verdade que a questão da expansão da NATO, já discutida anteriormente, pode ter desempenhado um papel na decisão da Rússia de invadir os dois Estados. Na sua Cimeira de Bucareste, em 2008, a Aliança considerou as propostas da Geórgia e da Ucrânia para uma eventual adesão à organização. Uma tal iniciativa da sede em Bruxelas teria deslocado a fronteira da NATO consideravelmente para leste e para bem longe do teatro da Europa Ocidental que originalmente defendia. Se as duas nações tivessem entrado na aliança pouco tempo depois dessa cimeira crucial, então as invasões russas poderiam ter ativado o Artigo Quinto e levado toda a aliança a responder contra os movimentos militares soviéticos. No entanto, aqueles que se reuniram na Roménia na cimeira de 2008 não concederam a admissão e decidiram adiar a questão da entrada da Geórgia e da Ucrânia (Peterson 2014, 174-176). A recusa de admissão não deu propriamente luz verde aos avanços militares russos, mas significou que a resistência coordenada da aliança era improvável, se não impossível.

Depois de analisar os factos da situação na Geórgia em 2008, é provável que a Geórgia tenha enviado primeiro as suas forças armadas para os enclaves da Abcásia e da Ossétia do Sul. Apesar da sua pequena dimensão, após a aquisição da independência em 1991, várias lutas de minorias étnicas tinham arrancado a Geórgia das suas amarras. A incursão militar da Geórgia nas duas pequenas regiões do norte tinha como objetivo minar as suas simpatias pelo enorme vizinho russo a norte. No entanto, a Rússia reagiu com uma invasão militar desproporcionada e penetrou profundamente no território georgiano, com a consequente perda de vidas. As reacções ocidentais contra a ação russa foram fortes e houve quem, nos círculos políticos dos EUA, concluísse que a Guerra Fria tinha voltado a reacender-se.

Talvez o conflito entre a Ucrânia e a Crimeia tenha sido ainda mais devastador em termos do seu impacto nas relações russo-americanas. Foram muitas as variáveis que interagiram nessa crise e que persistiram muito para além de 2014. Estas incluíam um presidente ucraniano, Victor Yanukovych, pertencente à minoria étnica russa, a sua aproximação à Rússia para obter um empréstimo de vários milhares de milhões de dólares, a sua recusa em deslocar-se para ocidente e aceitar as propostas da UE, as manifestações da Maidan em Kiev contra a inclinação do presidente para leste e a repressão brutal dessas manifestações, com uma grande perda de vidas (Kalb 2015, 143). Depois de Yanukovych ter fugido da Ucrânia para se refugiar e obter asilo no sudoeste da Rússia, a Península da Crimeia tornou-se o centro crítico da ação. Ao contrário da Ucrânia, a sua população era maioritariamente de etnia russa, uma realidade que levou os seus líderes a organizar um referendo sobre a separação da Ucrânia e a ligação à Rússia. Os russos tomaram conta de todos os postos militares na Crimeia, e soldados do exército russo entraram na república e contribuíram para o processo de absorção pela Rússia. O referendo sobre a adesão à Rússia foi aprovado quase por unanimidade, embora muitos tenham questionado a legalidade do processo. A comunidade internacional apelou à retirada da Rússia e à devolução da península à Ucrânia. No entanto, muito rapidamente, o Presidente Putin declarou a sua incorporação à Duma, que então votou esmagadoramente a favor, e pormenores como a mudança da moeda da Crimeia para o rublo russo começaram a ser tratados em pouco tempo.

As palavras amargas sobre os acontecimentos na Ucrânia/Crimeia prolongaram-se pelos anos seguintes, e os líderes americanos lançaram periodicamente um apelo à Rússia para que devolvesse a Crimeia à Ucrânia. No entanto, essas aberturas soaram um pouco melancólicas, pois certamente caíram em ouvidos surdos em Moscovo. É possível que a invasão da Geórgia tenha sido uma espécie de eco dos acontecimentos de 2014 na Ucrânia, uma vez que a Rússia violou duas vezes a soberania nacional de nações situadas na sua fronteira. Anteriormente, depois de 2008, os líderes americanos tinham sem dúvida concluído que a invasão da Geórgia era um exagero que não se repetiria. Além disso, o aumento da publicidade global russa em torno dos Jogos Olímpicos de Sochi em 2014, imediatamente antes da tomada da Crimeia, tornou a invasão sem dúvida ainda mais inesperada. É justo dizer que muitos no Ocidente sentiram uma sensação de traição, depois de terem começado a reparar os danos da Guerra Russo-Georgiana de uma forma ligeira.

Capítulo 8. Acumulação de tensões pós-2014 na orla oriental da Europa

A América ajudou a organizar a NATO e as nações europeias não aliadas numa resposta enérgica à conflagração ucraniana-criméia. Muitas das suas acções implicaram a deslocação de unidades militares que visavam a proteção de nações vulneráveis no nordeste da Europa. A Polónia, a Estónia, a Letónia e a Lituânia estavam muito preocupadas. Em consequência dessa preocupação, a Aliança reposicionou muitas tropas de países do sul da Europa, como a Itália, e colocou-as mais a norte. Na década de 1990, a NATO tinha prometido à Rússia que não seriam estacionadas tropas da aliança de forma permanente nos novos Estados membros que anteriormente faziam parte da OMC. O plano após 2014 implicava a colocação de tropas num Estado báltico durante um determinado número de meses, a sua retirada e o envio de outras unidades. Além disso, a aliança criou uma nova Força de Ponta de Lança de 5.000 soldados que poderia deslocar-se num curto espaço de tempo para uma área ameaçada. As tropas britânicas desempenhariam um papel importante nessa nova unidade e o seu objetivo era, mais uma vez, tranquilizar as nações que se sentiam ameaçadas *(NYTimes* 2014, *USATODAY* 2014a, *USATODAY* 2014b)*. A Rússia respondeu, por vezes, com anúncios sobre o aumento da sua presença militar em Kaliningrado, uma parte do seu Estado que não era contígua ao seu território e que estava encaixada entre a Polónia e a Lituânia. A região situa-se na costa norte e, por isso, Moscovo poderia reforçar a sua presença naval na região através do desenvolvimento das suas capacidades. No fim de contas, o episódio Ucrânia/Crimeia alimentou a mobilização militar de ambos os lados na eventualidade inesperada da eclosão de uma pequena nova guerra.

Capítulo 9. Questões actuais pertinentes na relação americano-russa

A Rússia e as eleições americanas de 2016

Durante a longa época de eleições presidenciais nos Estados Unidos, houve uma preocupação constante com o envolvimento da Rússia nesse processo. Surgiram acusações de que os russos teriam pirateado os e-mails da campanha eleitoral de Hilary Clinton, num esforço para provocar a sua derrota. Por detrás destas preocupações estava a suposição de que os dirigentes russos preferiam que Donald Trump fosse eleito e que este seria mais maleável e mais fácil de manipular. O papel do eventual Conselheiro de Segurança Nacional, Michael Flynn, também se tornou uma bola de futebol política, e a pressão aumentou de tal forma que o Presidente Trump o demitiu no início da sua administração pelos seus contactos não declarados com funcionários russos. Surgiram preocupações democratas quanto ao facto de os russos terem tomado medidas para eleger e depois trabalhar com Donald Trump, para além das queixas sobre o esforço para minar a campanha de Clinton. Estas questões chegaram ao auge quando o Presidente Trump despediu o Diretor do FBI, James Comey, e no dia seguinte brincou sobre o assunto com o Ministro dos Negócios Estrangeiros russo, Sergey Lavrov, e com o Embaixador russo nos EUA, Sergey Kislyak. Muitos suspeitavam que o despedimento de Comey tinha origem no receio do Presidente de que o Diretor do FBI fosse demasiado duro com Michael Flynn e pudesse abrir uma investigação reveladora. Além disso, nessa reunião com os dois diplomatas russos, o novo Presidente revelou-lhes informações confidenciais que tinha recebido do governo israelita. Consequentemente, o procurador-geral adjunto Richard Rosenstein nomeou o antigo diretor do FBI Robert Mueller como conselheiro especial, com a missão de investigar todos estes tópicos relacionados com a intervenção russa na campanha, bem como a reação dos líderes americanos aos mesmos.

O que é que isto significou para a relação americano-russa? Por um lado, foi um revés para aqueles que, de ambos os lados, esperavam uma parceria melhorada. Os comentários de figuras da comunicação social americana, de funcionários democratas e de alguns republicanos contribuíram para piorar a imagem das ligações entre os dois países. Alguns chegaram mesmo a concluir que os Estados Unidos estavam em guerra com a Rússia ou que tinha começado uma nova Guerra Fria.

Por outro lado, havia a necessidade de apresentar provas concretas sobre o alegado envolvimento russo na campanha. No seu testemunho perante a Comissão de Inteligência do Senado, o antigo diretor do FBI, Comey, afirmou várias vezes que existiam provas concretas, mas que estas ainda não eram do conhecimento do público em geral. Seria necessário mais tempo para que as comissões de investigação do Congresso, bem como o Advogado Especial, concluíssem o seu trabalho. Houve quem dissesse que tudo isso levaria vários anos de trabalho constante para ser concluído. No final de junho, a Comissão de Informações do Senado ouviu o testemunho de funcionários da comunidade de informações. O principal responsável pela contraespionagem do FBI acusou os russos de divulgarem os seus pontos de vista através de notícias falsas e amplificadores online. Os sistemas eleitorais dos Estados não estavam fora dos limites, pois o subsecretário da Segurança Interna acusou os piratas informáticos russos de terem visado os sistemas eleitorais de 21 Estados. O ex-secretário da Segurança Interna, Jeh Johnson, disse que tinha ordenado ao departamento que fornecesse equipamento de controlo a 33 estados e 36 cidades. Também tomou a iniciativa de classificar os sistemas eleitorais dos EUA como infra-estruturas críticas, a fim de permitir a prestação de mais assistência a essas unidades estatais e locais (USATODAY 2017a).

A Administração Trump afirmou continuamente que precisava de avançar com as suas propostas de campanha, e o próprio Presidente chegou a afirmar num tweet que tudo não passava de uma "caça às bruxas". É certo que muitos observadores sérios esperavam que fosse possível trabalhar em duas vertentes. Uma seria o processo de investigação, mas a outra deveria ser o trabalho de cooperação com a Rússia numa série de questões críticas que ambos enfrentavam.

Capítulo 10. Diálogo sobre a Ásia Oriental

Tanto o Presidente Putin como o antigo Presidente Barack Obama tinham iniciado um "pivot" para a Ásia por razões muito diferentes. O Presidente Obama esperava virar uma nova página depois das guerras extremamente difíceis no Iraque e no Afeganistão. Construir uma ponte para as economias em expansão da região ofereceria oportunidades a muitas empresas americanas. Para o Presidente Putin, uma atenção renovada aos temas asiáticos ofereceria talvez um alívio da preocupação constante dos seus críticos com as consequências da Ucrânia/Crimeia. Na fronteira ocidental da Rússia, as pressões que se faziam sentir eram constantes e radicavam, em grande medida, no receio de futuras investidas russas em países vulneráveis da região. Estados como a Ucrânia, a Letónia, a Estónia e a Lituânia tinham minorias russas e temia-se que a Rússia pudesse tomar medidas como a interferência na cibersegurança para os aproximar da órbita russa. Com base nas tensões tradicionais com a Rússia, os líderes polacos também tinham a perceção de que estavam a ser continuamente vitimizados por Moscovo. Com a sua espinhosa fronteira ocidental, uma ênfase renovada na Ásia pode ter parecido promissora para os líderes em Moscovo.

As preocupações com a direção e os planos da liderança norte-coreana sob o comando de Kim Jong Un eram partilhadas em ambas as capitais nacionais. Por um lado, a Coreia do Norte estava muito próxima da Sibéria e os dirigentes soviéticos, sob a liderança de Estaline, tinham-lhe prestado apoio militar durante a Guerra da Coreia, no início da década de 1950. As mensagens da Coreia do Norte, bem como os seus contínuos testes de mísseis na região, não visavam particularmente o seu enorme vizinho ocidental, mas quaisquer actividades desse tipo estavam muito próximas do território russo. A instabilidade que Pyongyang trouxe para a região foi sem dúvida perturbadora para a consecução dos objectivos mais vastos da política externa russa.

Por outro lado, a liderança norte-coreana visou efetivamente a América com os seus movimentos e gestos ameaçadores. Os dirigentes de Pyongyang falaram em desenvolver a capacidade de atingir a costa ocidental da América com mísseis que estavam a ser desenvolvidos. Naturalmente, os seus perpétuos comentários negativos sobre o governo e o povo sul-coreanos visavam indiretamente os EUA, que eram o principal protetor da nação a sul. Deste ponto de vista, as discussões entre Moscovo e Washington sobre os perigos que o regime de Kim representava para a região faziam sentido como parte dos seus pivots mútuos para a Ásia. Isto era particularmente verdade à luz do facto de a Rússia se ter tornado hospitaleira para com alguns trabalhadores norte-coreanos no seu próprio território, enquanto as forças de segurança norte-coreanas tinham como alvo e prendiam uma série de visitantes americanos aparentemente inocentes. Mantiveram um americano no seu território enquanto este sofria em coma durante 14 meses e, em junho de 2017, morreu pouco depois de regressar aos Estados Unidos.

A China ocupava um lugar de destaque nas considerações de ambos os Estados, pois o seu potencial económico e comercial com eles era considerável. Ambos esperavam que os dirigentes chineses adoptassem uma abordagem de cooperação com eles para conter os perigos do regime norte-coreano. A China, com a sua vasta população, tinha uma enorme necessidade de gás natural e carvão, uma vez que a sua população estava a tornar-se cada vez mais dependente do automóvel. Desse ponto de vista, a Rússia era um parceiro comercial atrativo, e um maior número dos seus próprios produtos encontraria um mercado atrativo na Rússia, uma vez que os produtos fabricados nesse país seriam mais baratos.

Os interesses americanos na China eram paralelos aos russos, mas havia preocupações quanto às limitações chinesas em relação a alguns componentes e fornecedores da indústria de alta tecnologia que as empresas americanas, como a Apple, tanto gostavam de oferecer *(The New York Times* 2013). Já o vestuário chinês e outros produtos relacionados com o consumo eram um artigo muito familiar em lojas americanas como a Walmart *(Fortune* 2016). No entanto, os Estados Unidos estavam muito preocupados com as provocações chinesas no Mar do Sul da

China. Os chineses tinham-se mudado para ilhas que outras nações vizinhas, como o Vietname, Taiwan, Brunei, Malásia e Filipinas, também reivindicavam. Além disso, tinham construído algumas dessas ilhas com terra para que se tornassem mais utilizáveis como parte do seu próprio arsenal militar alargado. A marinha americana fez muitas vezes uma demonstração de força militar, tentando desafiar Pequim nas suas actividades, mas de uma forma que não conduzisse a qualquer tipo de confronto militar. As futuras discussões entre Washington e Moscovo ajudariam a definir um quadro comum para levar a China a uma parceria regional em vez de uma confrontação contínua.

Em 1917, as discussões concretas entre a América e a China centraram-se no estabelecimento de um quadro mais cooperativo. Em abril, os Presidentes Trump e Xi Jinping anunciaram o "Plano dos 100 Dias", um acordo que levou a China a aumentar as compras de gás natural e de carne de bovino aos Estados Unidos. No final de junho, os EUA acolheram em Washington o primeiro "Diálogo Diplomático e de Segurança EUA-China". Os tópicos de discussão incluíram o enorme défice comercial dos EUA com a China, o terrorismo e as reivindicações territoriais no Mar do Sul da China (USATODAY 2017b).

Capítulo 11. Tensões americano-russas no Médio Oriente

Durante e após as convulsões que ficaram conhecidas como a primavera Árabe em 2011, as percepções e os pontos de vista russos diferiam dos dos Estados Unidos. O Presidente Putin e outros líderes russos desconfiavam dos surtos e revoltas populares, pois tinham vivido as três "revoluções das flores" no período 2003-05. Além disso, tinham desenvolvido padrões de liderança mais autoritários durante a presidência de Putin, e eram os líderes do Médio Oriente com um estilo de governação semelhante que as manifestações procuravam derrubar. Em contraste, os líderes americanos tendiam a acolher as revoltas no Médio Oriente como uma exigência de maior escolha e como parte do movimento de democratização pós-Guerra Fria que tinham tentado alimentar desde o início da década de 1990. A sua atitude positiva também se conjugava com os objectivos que a Administração Bush tinha perseguido através das suas guerras no Afeganistão e no Iraque.

No verão de 2011, as tensões surgiram devido à decisão da Administração Obama de convidar a utilização das capacidades militares da NATO para apoiar a oposição líbia ao regime de Khadafy. A cobertura da Força Aérea da NATO para os grupos da oposição baseados no leste do país ficou a cargo do Reino Unido e não dos Estados Unidos. Com esse tipo de apoio, a oposição deslocou-se gradualmente para oeste e acabou por cercar e tomar o controlo de Tripoli. O pessoal da NATO acabou por dar a localização de Khadafy às forças que procuravam derrubá-lo, que o encontraram num túnel e o executaram. A Rússia, tanto sob o comando do Presidente Medvedev como do Primeiro-Ministro Putin, criticou este apoio ocidental que visava desalojar o líder em funções e considerou-o desestabilizador para a região do Norte de África. Do ponto de vista russo, os EUA tinham sacrificado a estabilidade em nome da democracia, mas na realidade tinham gerado o caos.

Se as tensões russo-americanas se manifestaram em relação à Líbia, o conflito entre ambos chegou muitas vezes ao ponto de ebulição com a guerra civil na Síria. A Administração Obama centrou-se na destituição do Presidente sírio Bashir al-Assad e prestou assistência a uma parte da oposição. Para o Presidente Obama, o principal problema no início foi o facto de a oposição incluir também elementos da Al Qaeda e do grupo radical Al Nusra. O apoio a todo o conjunto de grupos da oposição teria prejudicado outros esforços americanos para destruir grupos extremistas islâmicos radicais e terroristas. Para além disso, em 2012, o Presidente Obama traçou uma linha vermelha que significava que os Estados Unidos retaliariam contra qualquer medida do Presidente Assad que utilizasse armas químicas.

A reação russa a ambos os objectivos foi negativa. Relativamente ao primeiro, os dirigentes russos preferiam claramente a estabilidade que o Presidente Assad trouxe à situação e estavam cépticos quanto à natureza díspar das forças da oposição. O Presidente Putin não via expressamente a oposição como uma força democrática, mas sim como uma força perturbadora. Simultaneamente, os dirigentes russos fizeram aberturas ocasionais aos dirigentes iranianos, um grupo cuja fé religiosa xiita os ligava às convicções da minoria alauíta do círculo dirigente na Síria. Tanto os dirigentes sírios como os iranianos apoiavam igualmente o grupo de oposição Hezbollah, que desempenhava um papel central na oposição no Líbano, ao longo da fronteira com a Síria. No que diz respeito ao segundo ponto, a prova, em 2013, de que o Presidente Assad tinha efetivamente utilizado armas químicas contra a sua própria população levou a uma iniciativa russa que ultrapassou a liderança americana. O plano incluía um esforço internacional para escoltar todas as capacidades químicas para fora da Síria e para território neutro.

No meio de todo este desacordo, tanto a Rússia como a América tinham o objetivo comum de impedir a criação, pelo ISIS, de um novo Califado que incluiria partes do atual Iraque e da Síria. As forças terroristas do ISIS tomaram conta de várias cidades importantes em ambos os países e cometeram atrocidades contra a população local durante esse processo. As administrações de Obama e Putin empreenderam acções militares para iniciar o processo de destruição desta força altamente perturbadora. As tropas americanas trabalharam em coligação com aliados, enquanto a Rússia operou sozinha, mas teve acesso à sua própria base chamada Tartus, no Mar Mediterrâneo *(The New York Times* 2016a, 2016b). Houve conflitos de estratégia e pouca coordenação entre as duas grandes potências. A ação militar americana acabava por vezes por visar as forças de Assad, enquanto os russos o protegiam mais. Por vezes, os seus ataques feriram e mataram civis inocentes que as forças da oposição a Assad estavam a proteger. Uma parte fundamental do problema era a natureza multifacetada da oposição a Assad, e as forças do ISIS estavam separadas dessas duas forças políticas. No entanto, uma cooperação russo-americana que poderia ter injetado alguma clareza na situação não se revelou em muitas ocasiões.

Em junho de 2017, as tensões entre as duas grandes potências agravaram-se com o abate por aviões americanos de um jato sírio que fazia parte das capacidades militares de Assad. Os dirigentes americanos explicaram que os disparos contra o avião eram uma punição pelo ataque dos militares de Assad às Forças Democráticas Sírias (SDF) que estavam a apoiar. A coligação liderada pelos Estados Unidos tinha estado envolvida numa demonstração de força como parte de um esforço para assustar as forças de Assad. Os líderes russos responderam de forma incisiva, interrompendo temporariamente a linha direta de comunicações com as forças dos EUA no teatro de operações sírio, declarando o ataque uma violação da soberania nacional da Sérvia e utilizando o seu radar de defesa aérea terrestre e aviões associados para seguir os voos americanos sobre a Síria ocidental (USATODAY 2017c).

As forças ocidentais baseadas na coligação também se envolveram mais em tensões com o Irão, que tinha dado o seu apoio constante ao Presidente Assad. O Irão prestou assistência às forças pró-regime na Síria que estavam em desacordo com as SDF, compostas por 50 000 soldados. As hostilidades atingiram o auge quando as forças americanas abateram dois drones armados que o Irão tinha construído e fornecido às forças governamentais sírias. Os drones estavam demasiado próximos das SDF, o que motivou a reação de proteção americana. Houve claramente um esforço da coligação para impedir o Irão de controlar uma vasta faixa ou arco de território que incluiria o Irão, o Iraque, a Síria e o Líbano. De facto, o Irão trabalhou tenazmente na Síria com as suas próprias forças Quds e militares regulares, o Hezbollah, as forças governamentais sírias e as milícias xiitas do Iraque (USATODAY 2017d). Esta tensão americano-iraniana estava em desacordo com o acordo de 2015 sobre as suas armas nucleares, mas em sintonia com a oposição americana à política russa na Síria.

As tropas americanas prestaram assistência e aconselhamento às forças iraquianas na sua luta contra as cidades ocupadas pelo ISIS, como Mossul. Eventualmente, esta força recebeu uma atualização quando a própria NATO assumiu parte da missão. Isto foi paralelo ao pequeno papel que a aliança tinha desempenhado anteriormente durante as fases difíceis da Guerra do Iraque, uma vez que também implicava o treino das forças militares locais. Para a OTAN, este pequeno envolvimento no território iraquiano foi uma mudança em relação às deliberações tomadas antes da invasão liderada pelos americanos em março de 2003. Nessa altura, não houve aprovação formal da aliança e os Estados Unidos tiveram de reunir uma Coligação de Vontades voluntária para expandir a base de operações para além das suas próprias capacidades. Depois de 2015, os russos não desempenharam no Iraque o tipo de papel militar que tinham assumido na Síria. Apesar disso, era evidente que a Rússia estava a cultivar o Irão, uma nação que tinha claras preferências xiitas pela maioria xiita pós-2005 no Iraque, pelo alauíta xiita Assad e pelo Hezbollah.

Capítulo 12. O destino da borda oriental da Europa e do sudoeste asiático

As reacções da NATO à tomada da Península da Crimeia pela Rússia tinham como objetivo criar mais estabilidade nos limites da Europa. As forças transferidas do sul da Europa, logo após o início da crise ucraniana, tranquilizaram os três Estados bálticos, bem como a Polónia. As forças e os exercícios da NATO tornaram-se uma visão mais familiar nos quatro países. Os mesmos padrões ocorreram na própria Ucrânia, com uma demonstração de força através de exercícios militares e de reuniões frequentes dos líderes ocidentais com o Presidente Petro Poroshenko e outros líderes ucranianos. As sanções ocidentais também reduziram os contactos comerciais entre empresas e indivíduos russos e os seus homólogos nos países ameaçados da região e não só. Além disso, as condições na parte oriental da Ucrânia continuaram a deteriorar-se para as pessoas que lá permaneceram após o fim do tiroteio. Em 2014, a Rússia tinha declarado várias dessas regiões políticas nos Obstáculos de Donetsk e Luhansk como entidades independentes, mas passados três anos continuavam a fazer parte da Ucrânia.

Em junho de 2017, os aviões russos voaram muito perto de parceiros ocidentais, provocando assim reacções incisivas. Os líderes da política externa sueca convocaram o embaixador russo para conversações depois de um caça russo ter voado muito perto de um avião de reconhecimento sueco no espaço aéreo internacional sobre o Mar Báltico. Vários outros aviões de combate russos sobrevoaram o mesmo mar a caminho do seu exclave de Kaliningrado. Uma vez que o exclave se situa entre a Lituânia e a Polónia, membros da NATO, um jato da aliança sobrevoou o avião em que viajava o Ministro da Defesa russo. A aliança justificou o movimento com uma violação do espaço aéreo da NATO pelos russos. O F-16 da NATO afastou-se assim que um avião russo de escolta mostrou as suas armas (USATODAY 2017e). Estas escaramuças no ar tiveram um significado mais do que simbólico, pois sublinharam, de diferentes formas, a fragilidade do limite oriental da Europa.

A OTAN também tinha iniciado o desenvolvimento de uma Força de Reação Rápida e a sua capacidade de enviar tropas rapidamente para áreas de ameaça era um fenómeno novo na região. Contudo, a liderança russa ressentia-se de ser o seu alvo e declarava continuamente que não tinha intenções hostis em relação a qualquer nação no limite oriental da Europa. Apesar de se situar no sudoeste asiático, o Afeganistão também fazia parte do puzzle, pois a presença da NATO, com 13 500 elementos, continuou após a partida oficial no final de 2014. No início de 2017, os planeadores de defesa americanos estavam a trabalhar para aumentar esse número, devido à tripla ameaça dos Talibãs, da Al Qaeda e do ISIS no país. Os interesses russos nessa presença da aliança ocidental pareciam ser menores do que a sua preocupação com o aumento da presença militar ocidental em nações próximas da Ucrânia. A sua menor ansiedade em relação ao Afeganistão pode ter tido origem no facto de o objetivo ocidental nessa nação ser combater os manifestantes e os grupos da oposição, em vez de os apoiar e fomentar, como parecia ser o caso no Médio Oriente.

Conclusão

A globalização oferece um pano de fundo dinâmico tanto para a experiência de quase três décadas de uma difícil relação russo-americana pós-Guerra Fria como para as difíceis questões políticas que se seguiram à crise ucraniana-criméia de 2014. O choque entre o islamismo extremo e os valores ocidentais permeou todo o período das relações russo-americanas e tornou-se uma parte contínua do seu diálogo diplomático. Esse conflito esteve também no cerne da guerra civil na Síria e da contínua turbulência no Afeganistão, enquanto as posições russo-americanas sobre os primeiros eram contrastantes e geravam frequentemente controvérsias. [st]Muitas das batalhas entre nações do Médio Oriente, da Europa e dos Estados Unidos trouxeram à superfície questões difíceis, bem como controvérsias no seio da população, sobre o significado das fronteiras territoriais no início do século XXI. A devoção americana ao valor das fronteiras fixas e imutáveis estava claramente em desacordo com a atitude mais fluida e ambígua do Presidente Putin e de grande parte da liderança russa sobre o significado das fronteiras.

No primeiro quarto de século após o fim da Guerra Fria, os pontos de discussão e de discórdia entre as duas potências centraram-se na variável da liderança, na expansão da OTAN, nas guerras apoiadas pela Rússia e pelos Estados Unidos e na instabilidade na orla oriental da Europa. Em cada um destes casos de estudo, a dinâmica da globalização teve um impacto. O Presidente Putin estava empenhado em restaurar o poder da Rússia na cena mundial e tomou medidas firmes de política interna e externa para o conseguir. As suas frustrações centraram-se na incapacidade de controlar as reacções económicas, políticas e étnicas globais à sua pressão. A expansão da aliança militar ocidental prosseguiu de forma metódica, mas criou muitas vezes reacções negativas inesperadas, tanto na Rússia como nos novos Estados membros que estavam agora sob as expectativas financeiras da NATO. Tanto a Guerra da Geórgia como a anexação da Crimeia podem ter parecido aos líderes russos como assuntos locais em nações fronteiriças que outrora foram repúblicas na União Soviética. No entanto, a reação global a estas violações da soberania nacional foi imediata, incisiva e persistente ao longo do tempo. O mesmo aconteceu com as reacções estrangeiras à decisão americana de iniciar a guerra com o Iraque em 2003. Além disso, as tensões que se seguiram na fronteira oriental da Europa funcionaram como um remoinho que sugou reacções de muito longe.

Finalmente, o pano de fundo da globalização torna compreensível e mais controverso o atual conjunto de questões que separam a América e a Rússia. As acusações de interferência russa nas eleições americanas de 2016 repercutiram-se em outras nações ocidentais, como a França e a Alemanha, cujos líderes se interrogaram sobre a infiltração russa nos seus próprios sistemas eleitorais. As abordagens russas e americanas semelhantes em relação à Ásia prometiam cooperação em questões como a instabilidade e o comportamento agressivo da Coreia do Norte, bem como um maior envolvimento económico com as nações da região. No entanto, as relações com a China revelaram-se um obstáculo, com Moscovo a concentrar-se nos acordos comerciais enquanto Washington se preocupava cada vez mais com o Mar do Sul da China, cada vez mais ameaçador e hostil. No Médio Oriente, os desacordos surgiram de todos os cantos em relação à guerra civil na Síria. Entre elas, a necessidade de conter o regime de Assad, a importância de erradicar o ISIS e o fim do fluxo de refugiados em viagens arriscadas para as nações do sul do Mediterrâneo e, mais a norte, para as nações mais prósperas da Europa Ocidental. A lição a retirar de tudo isto é que o futuro próximo exigirá que os Estados-nação desenvolvam estratégias intencionais para canalizar as pressões da globalização em direcções mais positivas. Era especialmente imperativo que os líderes americanos e russos trabalhassem em conjunto, sempre que possível, para manter o equilíbrio entre a existência de fronteiras territoriais e as pressões avassaladoras que constantemente as inundam.

Bibliografia

Billington, James H. 1966. *The Icon and the Axe: An Interpretive History of Russian Culture [O Ícone e o Machado: Uma História Interpretativa da Cultura Russa]*. Nova Iorque: Alfred A. Knopf.

Clover, Charles. 2016. *Black wind, white snow: the rise of Russia's new nationalism [Vento negro, neve branca: a ascensão do novo nacionalismo russo]*. New Haven: Yale University Press.

D'Aneiri, Paul. 2007. *Understanding Ukrainian Politics: Power, Politics, and Institutional Design*. Armonk, Nova Iorque: M.E. Sharpe.

Gill, Graeme. 2015. *Construindo uma política autoritária: Russia in Post-Soviet Times*. Reino Unido: Cambridge University Press.

Fortuna. 2016. "(Factos sobre o Walmart que o vão surpreender." Acessado em 13 de setembro. http://fortune.com.

Gel'man, Vladimir. 2015. *Authoritarian Russia: Analyzing Post-Soviet Regime Changes*. Pittsburgh: University of Pittsburgh Press.

iDNES 2015. "Chorvatsko chce zavrit hranice se Srbskem, muze povolat i armada". 17 de setembro. www.idnes.cz.

Kalb, Bernard. 2015. *Imperial gamble: Putin, Ukraine, and the new Cold War [Putin, Ucrânia e a nova Guerra Fria]*. Washington, D.C.: Brookings Institution Press.

Peterson, James W. 2014. *Política externa americana: Alliance Politics in a Century of War, 1914-2014 [Política de Aliança num Século de Guerra, 1914-2014]*. Nova Iorque: Bloomsbury.

Peterson, James W. 2011. *A NATO e o Terrorismo: Organizational Expansion and Mission Transformation*. Nova Iorque: Continuum.

Schlesinger, Stephen. 2013. "As Nações Guerreiras". *Interesses da Política Externa Americana*. (35): 204211.

Starr, Barbara; Jessica Yellen; e Chelsea Carter. 2013. "Casa Branca: A Síria cruza a linha vermelha com o uso de armas químicas em seu povo".

CNN. http://www.cnn.com/2013/06/13/politics/syria-us-chemical- weapons (acedido a 1 de agosto de 2013).

The New York Times. 2013. "A rede de abrigos fiscais da Apple economizou bilhões". Acedido em 21 de maio. http://www.nytimes.com.

--- 2014. "Na Europa de Leste, a crise da Ucrânia concentra as atenções na NATO e nas despesas militares". Acedido em 5 de setembro. Http://www.nytimes.co.

--- 2016a. "Putin ordena o início da retirada da Síria, dizendo que os objetivos foram alcançados". Acedido em 14 de março. http://www.nytimes.com.

--- 2016b. "O bombardeio brutal da Rússia em Aleppo pode ser calculado e pode estar funcionando". Acedido em 28 de setembro. http://www.nytimes.com.

USATODAY. 2014a. "Anexação ilegal", "assassinos bárbaros" na agenda da NATO". Acedido em 4 de setembro. http://www.usatoday.com.

--- 2014b. "NATO Oks força de resposta rápida para combater a Rússia". Acedido em 5 de setembro. http://www.usatoday.com.

--- 2015. "Hungria considera 'inaceitável' a política de imigração da Croácia". 18 de setembro. www.usatoday.com.

--- 2017a. "O Congresso ouve uma história sinistra de interferência eleitoral da Rússia". 21 de junho. http://www.usatoday.com.

--- 2017b. "Espera-se que a Coreia do Norte e o terrorismo estejam presentes no diálogo entre os EUA e a China". 20 de junho. http://www.usatoday.com .

2017c. "A Rússia diz que vai começar a rastrear aviões dos EUA após a queda do jato sírio". 19

de junho. http://www.usatoday.com.

2017d. "A queda de drones na Síria ameaça atrair os EUA e o Irão para a guerra. 21 de junho. http://www.usatoday.com.

2017e. "O jato da NATO zumbe o avião do ministro da defesa russo". 21 de junho. http://www.usatoday.com.

yes
I want morebooks!

Buy your books fast and straightforward online - at one of world's fastest growing online book stores! Environmentally sound due to Print-on-Demand technologies.

Buy your books online at
www.morebooks.shop

Compre os seus livros mais rápido e diretamente na internet, em uma das livrarias on-line com o maior crescimento no mundo! Produção que protege o meio ambiente através das tecnologias de impressão sob demanda.

Compre os seus livros on-line em
www.morebooks.shop

info@omniscriptum.com
www.omniscriptum.com

Printed by Books on Demand GmbH, Norderstedt / Germany